Ernst Wasmuth

Märkisches Provinzialmuseum für Berlin

Heft XXVII.

Ernst Wasmuth

Märkisches Provinzialmuseum für Berlin
Heft XXVII.

ISBN/EAN: 9783742894250

Hergestellt in Europa, USA, Kanada, Australien, Japan

Cover: Foto ©ninafisch / pixelio.de

Manufactured and distributed by brebook publishing software (www.brebook.com)

Ernst Wasmuth

Märkisches Provinzialmuseum für Berlin

SAMMELMAPPE
HERVORRAGENDER
CONCURRENZ-ENTWUERFE

HEFT XXVII   57 BLATT

MAERKISCHES
PROVINZIAL-MUSEUM
FUER
BERLIN

W. MOELLER, BERLIN — ZAAR UND VAHL, BERLIN — H. MAENZ, SCHOENEBERG — ALTERTHUM UND ZADECK, BERLIN, — ANGER, POLSTER UND HOEHNE, LEIPZIG — BOETHKE, LEIPZIG — EISENLOHR UND WEIGLE, STUTTGART — ENDE UND BOECKMANN, BERLIN — GUST. HOCHGUERTEL UND STADLER, BERLIN — E. KLINGENBERG, TRESEBURG a. HARZ — WILH. KURTH, KOELN A. RH. — ALFRED KOERNER, BERLIN — W. MANCHOT, MANNHEIM — OTTO MARCH, CHARLOTTENBURG — HEINR. MUNK, BERLIN — WILH. PETER, KARLSRUHE I. B. — HEINRICH REINHARDT, DT. WILMERSDORF — ARIVED ROSSBACH, LEIPZIG — O. STAHN UND F. JAFFÉ, BERLIN — C. SCHAEFER UND H. HARTUNG, CHARLOTTENBURG — AD. SCHAUM, BERLIN — SCHMID UND BURKHARDT, STUTTGART — SCHMIDT UND WURZBACH, HAMBURG — BRUNO SCHMITZ, BERLIN — FRANZ SCHOEBERL, SPEYER — SCHWARTZKOPFF UND THEISING, BERLIN — O. SOMMER, FRANKFURT A. M. — C. VOGEL, STUTTGART — I. VOLLMER UND H. JASSOY, BERLIN — E. VOLLSTAEDT, CHARLOTTENBURG.

BERLIN
VERLAG VON ERNST WASMUTH
ARCHITEKTUR-BUCHHANDLUNG
35 MARKGRAFEN-STRASSE 35
1893

Concurrenz-Bedingungen.

I.

Behufs Erlangung eines geeigneten Entwurfs zum Bau eines Maerkischen Provinzial-Museums in Berlin wird eine oeffentliche Concurrenz auf Grund eines aus unserem Vereinigten Bureau zu entnehmenden Programms ausgeschrieben, zu welchem alle deutschen Architecten hiermit eingeladen werden.

II.

Die Concurrenzentwuerfe sind mit einem Motto oder Zeichen zu versehen und von einem verschlossenen, mit demselben Motto oder Zeichen versehenen Couvert, in welchem Name und Wohnung des Verfassers enthalten ist, bis spaetestens den 31. Januar 1893 an uns einzusenden.

III.

Die Beurtheilung der Entwuerfe und die Zuerkennung der Preise erfolgt durch ein Preis-Gericht, bestehend aus den Herren:

a) Oberbaudirector Spieker zu Berlin,
b) Geh. Oberbaurath, Professor Adler zu Berlin,
c) Koenigl. Baurath Schmieden zu Berlin,
d) Oberbaurath und Hofbaudirector von Egle in Stuttgart,
e) Stadtrath Friedel zu Berlin.

IV.

Fuer die vom Preisgericht als die besten anerkannten Arbeiten werden drei Preise von 4000, 2500 und 1500 Mark ausgesetzt, welche den Siegern sogleich nach getroffener Entscheidung ausgezahlt werden.

Nach getroffener Entscheidung werden die saemmtlichen Concurrenzentwuerfe in den Festraeumen des Rathhauses oeffentlich ausgestellt werden.

V.

Die Staedtischen Behoerden behalten sich vor, dem Verfasser des von ihnen am geeignetsten befundenen Entwurfs auch die Bearbeitung desselben und die Bauleitung zu uebertragen.

Berlin, den 26. August 1892.

Magistrat
hiesiger Koeniglicher Haupt- und Residenzstadt.

Bauprogramm

zu einem

Maerkischen Provinzial-Museum in Berlin.

Als Bauplatz ist diejenige Stelle bestimmt, an welcher die Wallstrasse mit der Uferstrasse und der neuangelegten Verbindungsstrasse zusammentrifft. Das Gebaeude soll aus einem erhoehten Keller- und drei Geschossen darueber bestehen und folgende Raeume enthalten:

A. Im Kellergeschoss.

1. Dienstwohnungen fuer den Hauswart, einen Hausdiener und einen Heizer nebst Zubehoer und einer geraeumigen Waschkueche.
2. zwei techniche Arbeitsraeume von zusammen 75 qm.
3. vier bis fuenf Lagerraeume von zusammen 150 qm Grundflaeche.
4. Raeume fuer Brennmaterial und die Centralheizung, welche in ihren allgemeinen Grundzuegen mit zu entwerfen ist,

B. Im Erdgeschoss.

1. Vier zusammenhaengende Saele von durchschnittlich 80 qm Grundflaeche fuer die vorgeschichtliche Abtheilung des Museums, zusammen . . . . . 320 qm
2. ein Sitzungszimmer fuer die Direction, welches zugleich als Arbeitszimmer und zur Aufnahme der Handbibliothek, sowie der wissenschaftlichen Registratur dienen soll, von . . . . 60 „
3. ein Zimmer fuer den Kustos, die Katologe etc. . . . . 30 „
4. zwei kleine Zimmer fuer die Expedition, Kanzlei und fuer die Annahme neuer Eingaenge à 30 qm = ... 60 „
5. einen Garderobenraum, am Haupteingang belegen . . . . 40 „

                                                        zusammen 510 qm

Die uebrigen Raeume des Erdgeschosses sollen zur Aufnahme einer Sammlung von Modellen aelterer und neuerer Bauwerke, sowie zu einer etwa nothwendigen Erweiterung des Museums dienen.

C. Hauptgeschoss.

Dasselbe ist zur Aufnahme der kulturhistorischen Sammlung der geschichtlichen Zeit in ihrem gegenwaertigem Bestande und mit ihrer zu erwartenden Erweiterung bestimmt. Dazu sind sechs bis acht Saele erforderlich von zusammen . . . . . 900 qm
ferner ein Saal fuer oeffentliche Vortraege, dessen Waende zugleich zur Aufnahme von Kunstwerken dienen sollen . . . . 140 „
und die erforderlichen Nebenraeume.

D. Obergeschoss.

1. Die naturgeschichtliche Sammlung ist in mehreren Saelen unterzubringen von zusammen . . . . 600 qm
2. Die Goeritz-Luebeck'sche Bibliothek dgl. zusammen . . . . . 420 „
3. dazu ein kleines Zimmer fuer den Bibliothekar etwa . . . . . . 30 „

zusammen 1 050 qm

Das Gebaeude soll einen mit Glas ueberdeckten Hof von mindestens 250 qm Grundflaeche erhalten, welcher zur Aufstellung schwerer Gegenstaende und zur Veranstaltung von Spezial-Ausstellungen dienen soll. Die ihn umgebenden Galerien sollen ebenfalls zur Aufstellung von Gegenstaenden an der Rueckwand und an den Bruestungen benutzt werden, und deshalb eine Breite von mindestens 3,50 m und reichliche Beleuchtung erhalten.

In allen Geschossen sind fuer die Bewohner und Besucher Retiraden in angemessener Lage und moeglichst uebereinander anzuordnen.

Das Gebaeude soll ohne besonderen Luxus aber in durchweg solider und wuerdiger Weise ausgefuehrt werden.

Die Bestimmungen der Berliner Bauordnung in Bezug auf Feuersicherheit, Zugaenge, Treppen u. s. w. sind nach Moeglichkeit zu beachten.

Es werden verlangt:

1. ein Lageplan des ganzen Terrains im Massstabe von 1 : 500,
2. die Grundrisse saemmtlicher Geschosse im Massstabe von 1 : 200,
3. mindestens 2 Façaden und ein Hauptdurchschnitt im Massstabe von 1 : 100, sowie eine perspectivische Ansicht,
4. ein kurzer Erlaeuterungsbericht nebst Kostenueberschlag nach dem kubischen Inhalt des Gebaeudes. Die Umgebungen desselben sind nicht mit zu veranschlagen.

Urtheil der Preisrichter.

Das Preisgericht hat nach eingehender Pruefung der eingegangenen 76 Plaene in seiner Sitzung am 24. v. Mts. die ausgesetzten Preise den nachbenannten Arbeiten zuerkannt.

1. den ersten Preis von 4000 Mark der Arbeit mit dem Motto: „Joachim Hektor", Verfasser: Regierungs-Baumeister Moeller, Berlin;
2. den zweiten Preis von 2500 Mark der Arbeit mit dem Motto: „Roland", Verfasser: Regierungs- und Baurath Eggert in Wiesbaden;
3. den dritten Preis von 1500 Mark der Arbeit mit dem Motto: „Brandenburg's Adler", Verfasser: die Architekten Zaar und Vahl in Berlin.

Ferner wurden als beachtenswerth bezeichnet und zum Ankauf empfohlen: die Arbeiten mit den Motto's:

No. 48 „Maerkisch", Verfasser Architekt H. Maenz in Schoeneberg.
No. 51 „Auf maerkischer Erde, aus maerkischer Erde",
No. 67 „1640."

W. MOELLER BERLIN

VERLAG VON ERNST WASMUTH BERLIN

LICHTDRUCK VON ROEMMLER & JONAS DRESDEN

Tafel 2

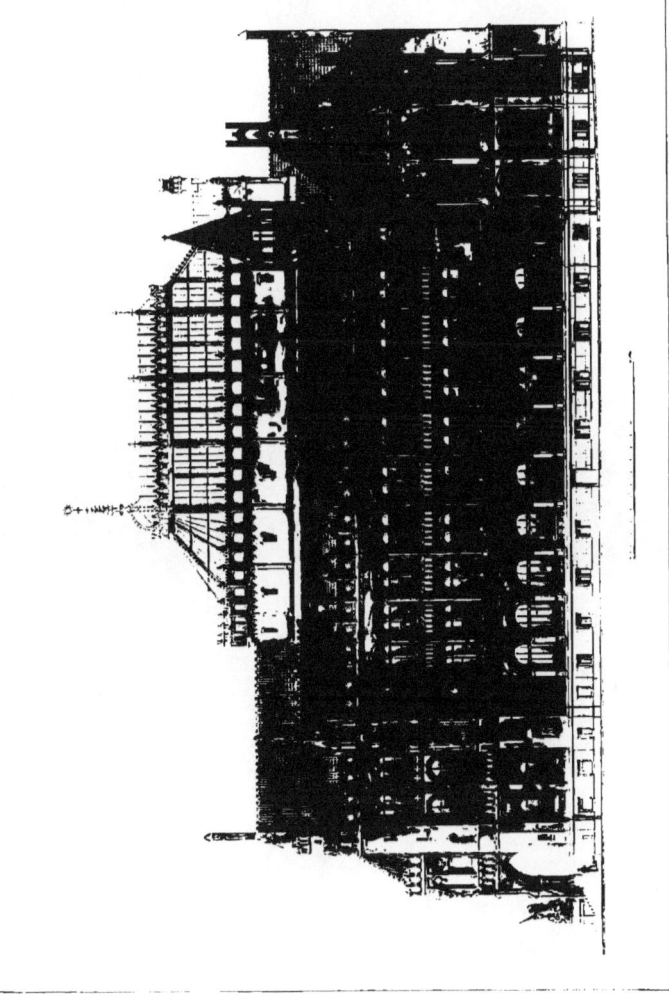

W. MOELLER BERLIN

LICHTDRUCK VON ROEMMLER & JONAS DRESDEN

MAERKISCHES PROVINZIAL-MUSEUM FUER BERLIN

Tafel 3

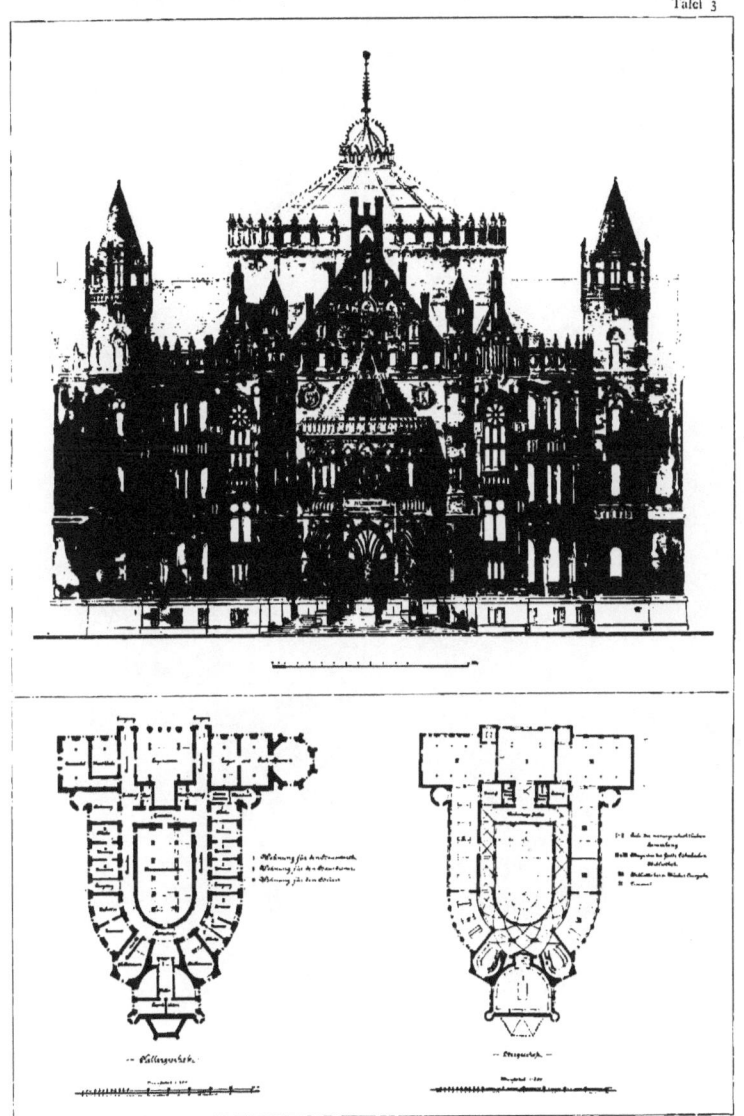

W. MOELLER BERLIN

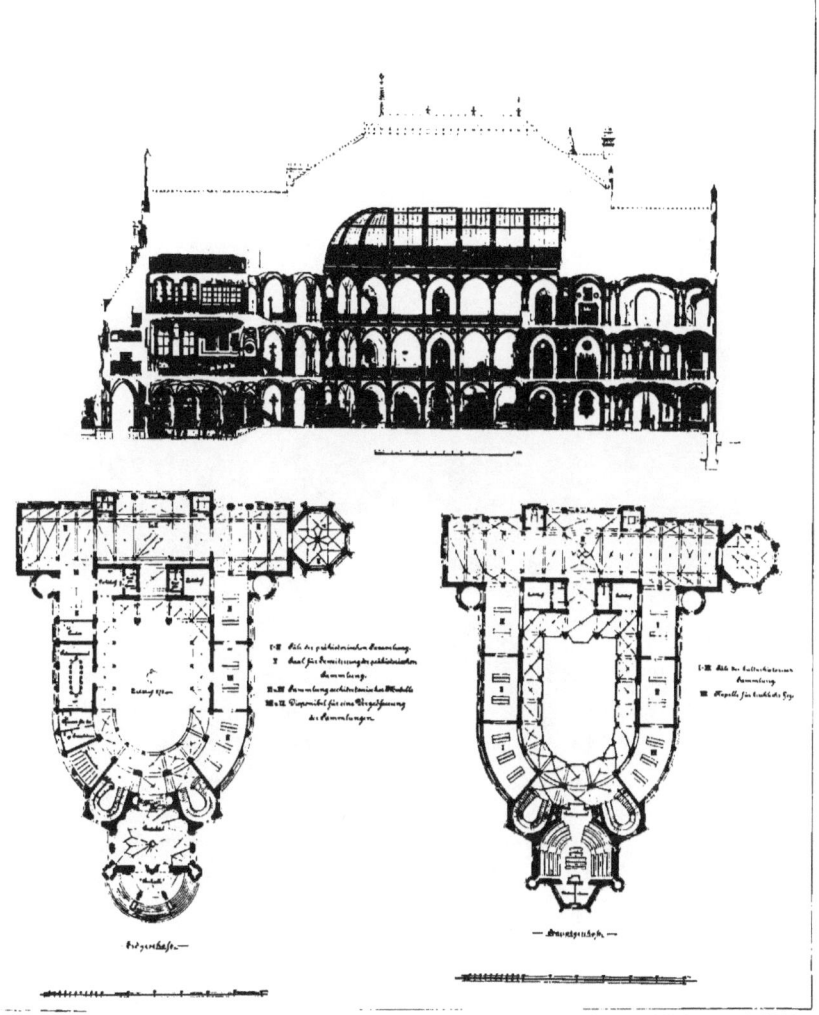

Tafel 8

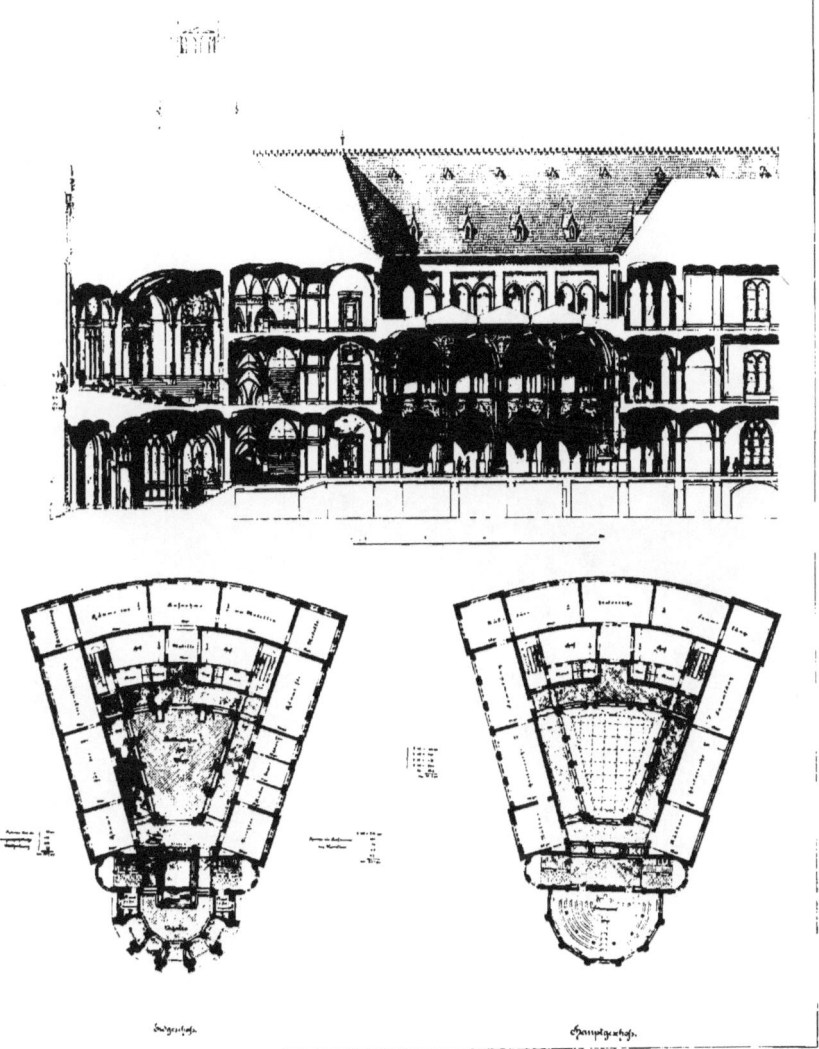

MAERKISCHES PROVINZIAL-MUSEUM FUER BERLIN

Tafel 9

H. MAENZ SCHOENEBERG

VERLAG VON ERNST WASMUTH BERLIN

MAERKISCHES PROVINZIAL-MUSEUM FUER BERLIN

Tafel 10

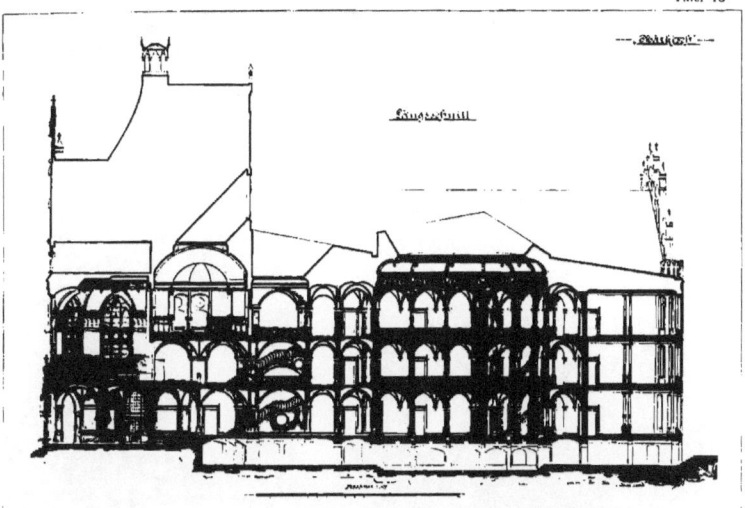

H. MAENZ SCHOENEBERG

VERLAG VON ERNST WASMUTH BERLIN

MAERKISCHES PROVINZIAL-MUSEUM FUER BERLIN

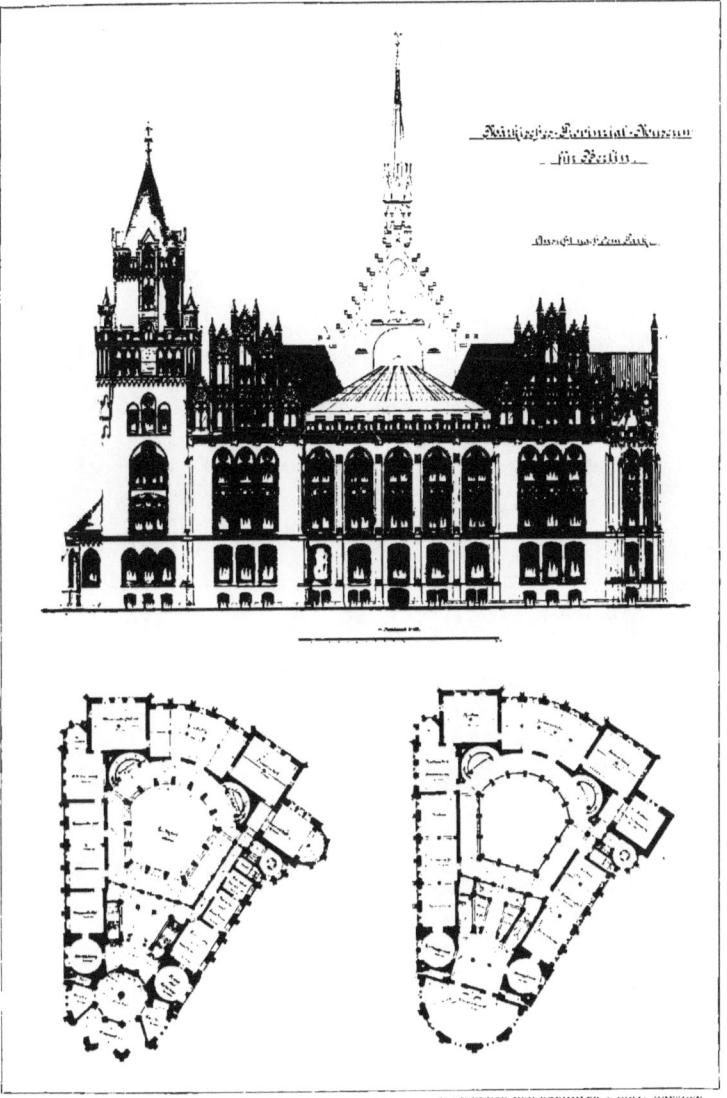

H. MAENZ SCHOENEBERG

VERLAG VON ERNST WASMUTH BERLIN

MAERKISCHES PROVINZIAL-MUSEUM FUER BERLIN

Tafel 12

ALTERTHUM & ZADECK BERLIN

MAERKISCHES PROVINZIAL-MUSEUM FUER BERLIN

Tafel 13

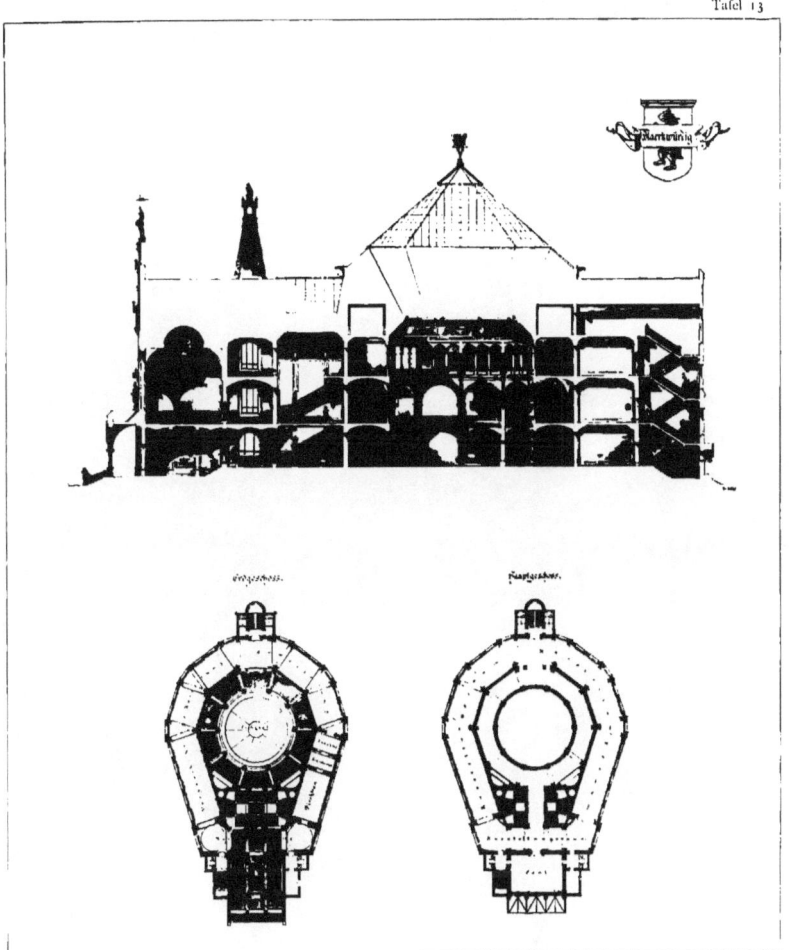

LICHTDRUCK VON ROMMLER & JONAS DRESDEN

ALTERTHUM & ZADECK BERLIN

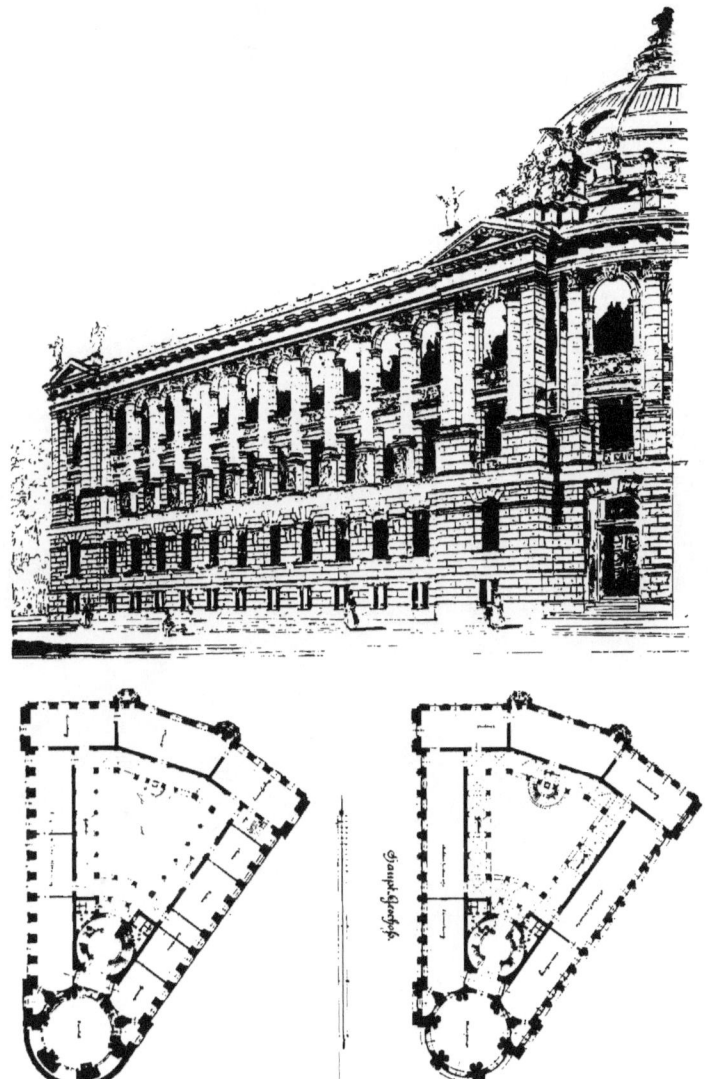

MAERKISCHES PROVINZIAL-MUSEUM FUER BERLIN

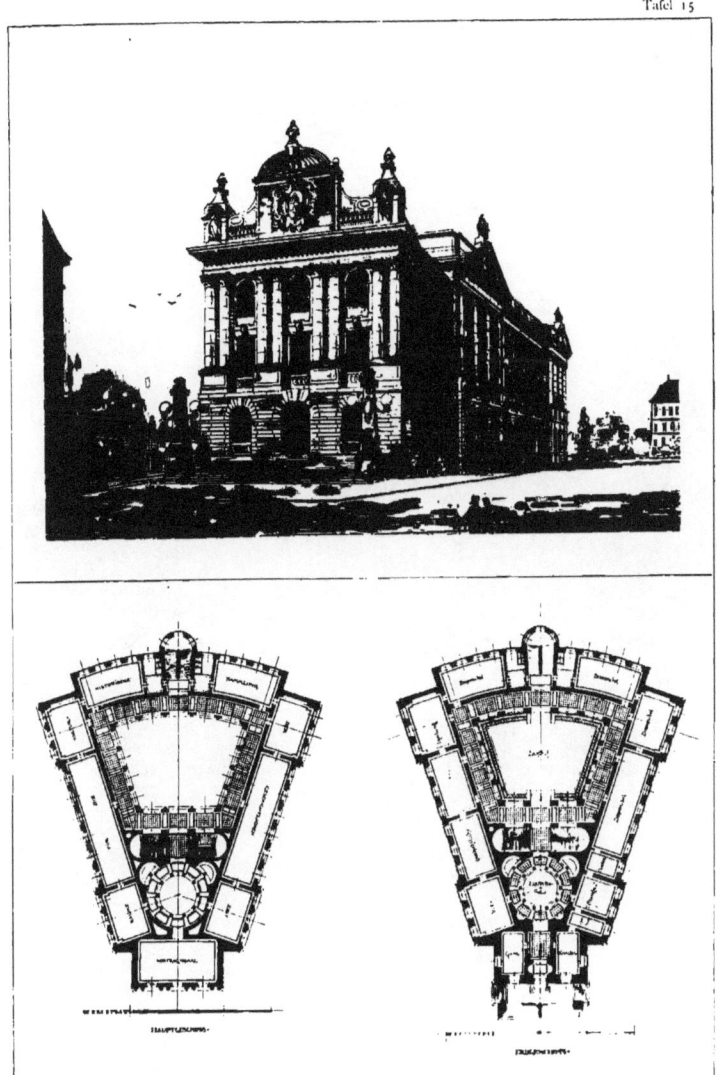

BOETHKE LEIPZIG

VERLAG VON ERNST WASMUTH BERLIN

MAERKISCHES PROVINZIAL-MUSEUM FUER BERLIN

Tafel 16

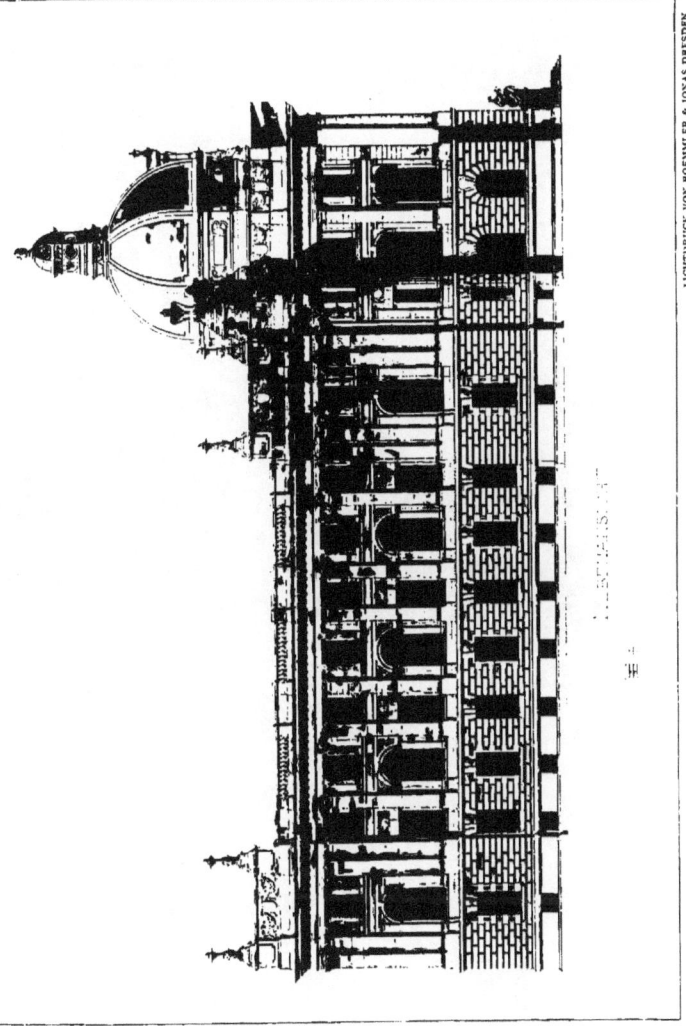

EISENLOHR & WEIGLE STUTTGART

LICHTDRUCK VON ROEMMLER & JONAS DRESDEN

VERLAG VON ERNST WASMUTH BERLIN

MAERKISCHES PROVINZIAL-MUSEUM FUER BERLIN

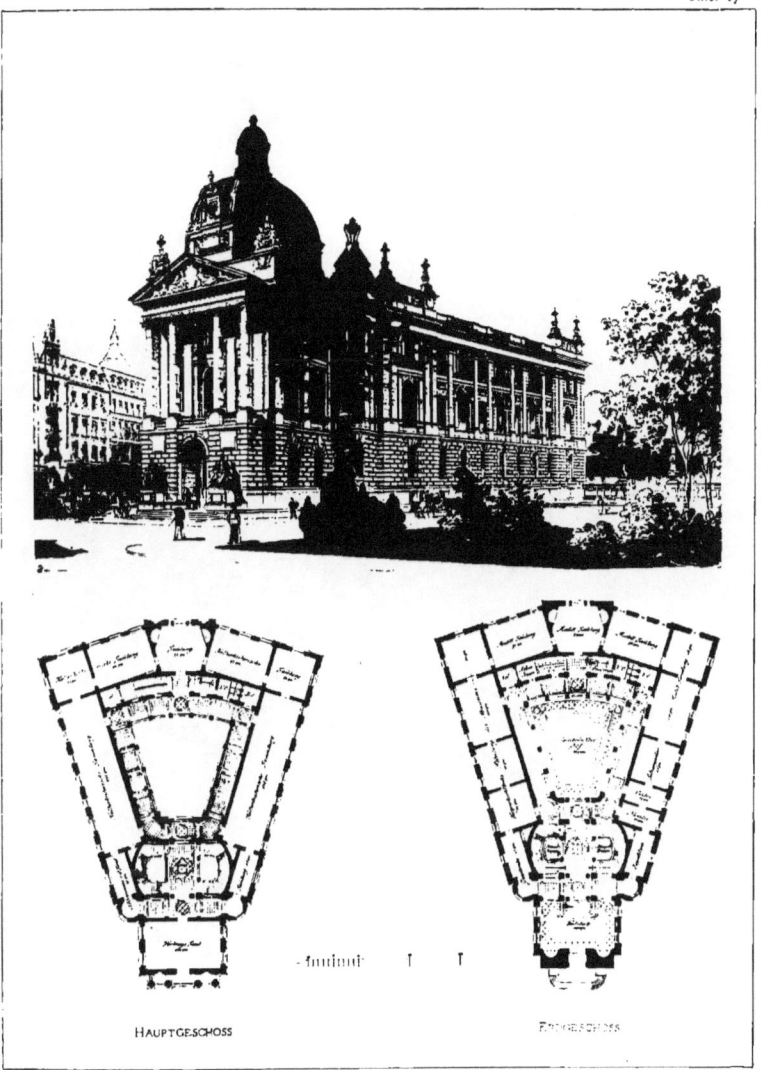

HAUPTGESCHOSS ERDGESCHOSS

EISENLOHR & WEIGLE STUTTGART

VERLAG VON ERNST WASMUTH BERLIN

MAERKISCHES PROVINZIAL-MUSEUM FUER BERLIN

Tafel 18

LICHTDRUCK VON ROEMMLER & JONAS DRESDEN

ENDE & BOECKMANN BERLIN

VERLAG VON ERNST WASMUTH BERLIN

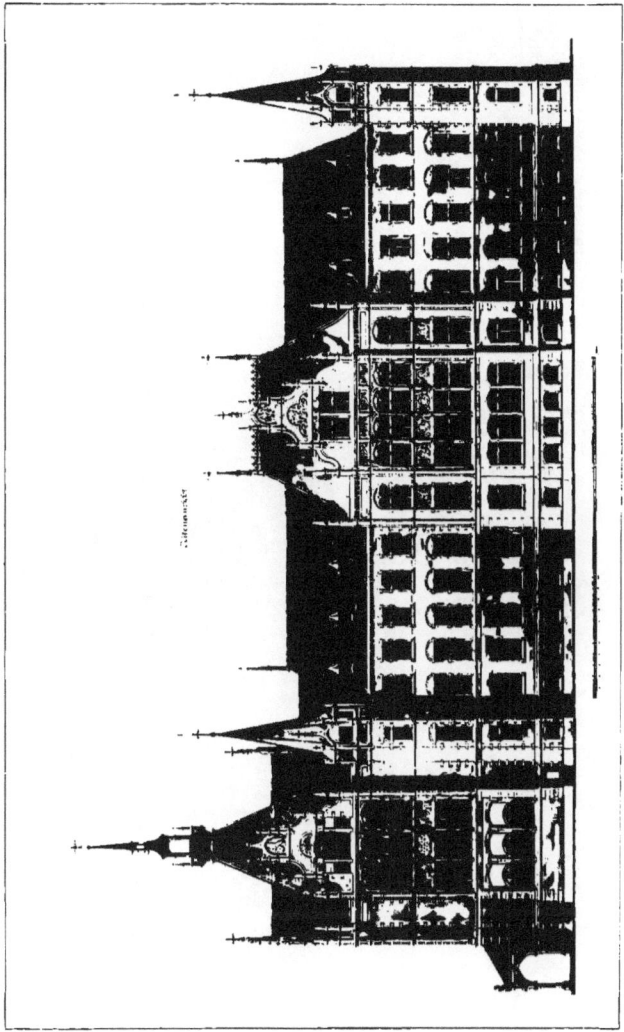

MAERKISCHES PROVINZIAL-MUSEUM FUER BERLIN

Tafel 20

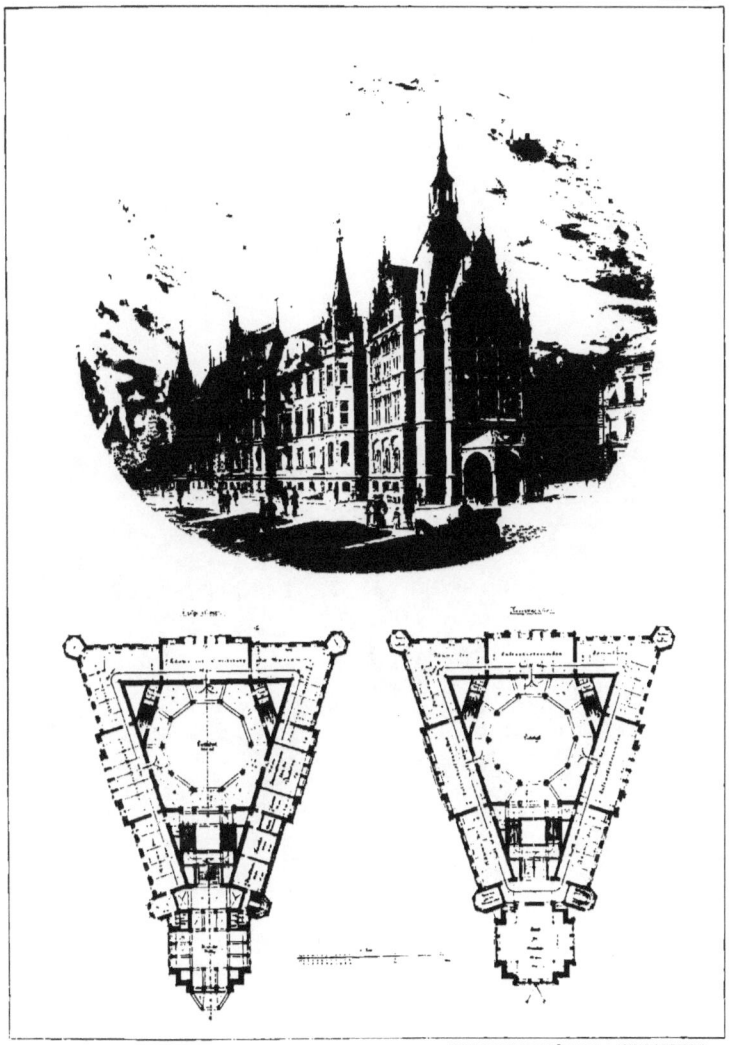

ENDE & BOECKMANN BERLIN

VERLAG VON ERNST WASMUTH BERLIN

GUSTAV HOCHGUERTEL UND STADLER BERLIN

LICHTDRUCK VON ROEMMLER & JONAS DRESDEN

VERLAG VON ERNST WASMUTH BERLIN

MAERKISCHES PROVINZIAL-MUSEUM FUER BERLIN

Tafel 22

LICHTDRUCK VON ROEMMLER & JONAS DRESDEN

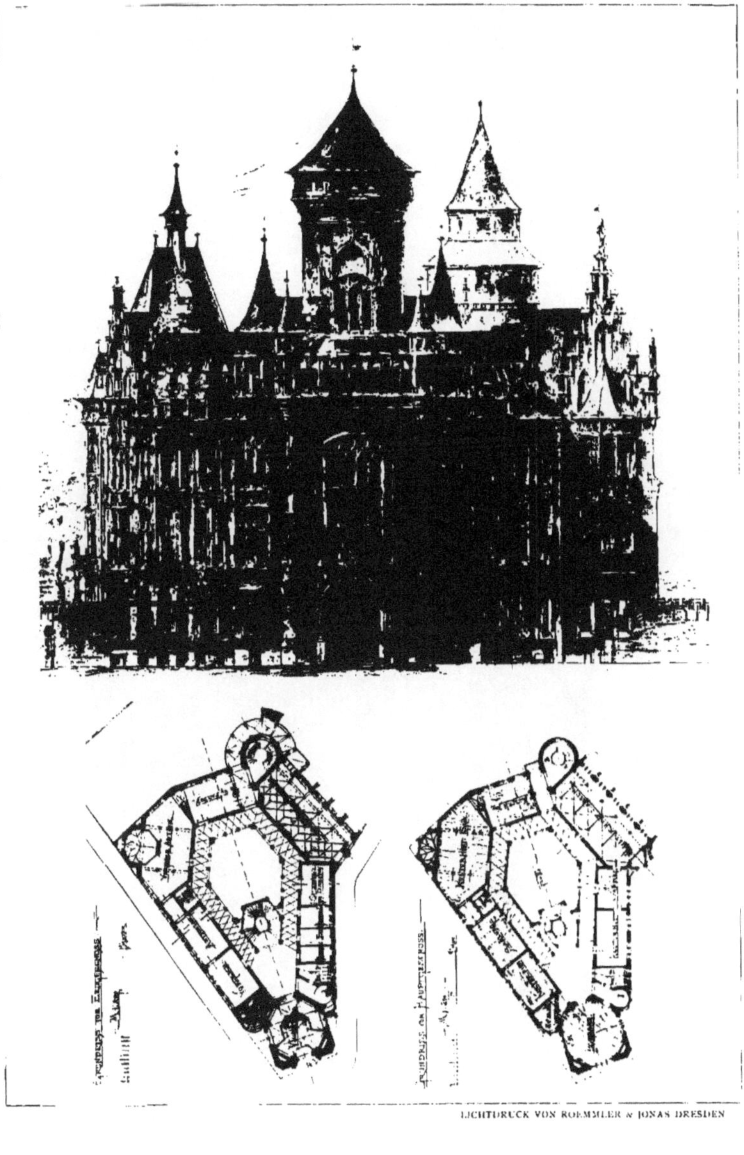

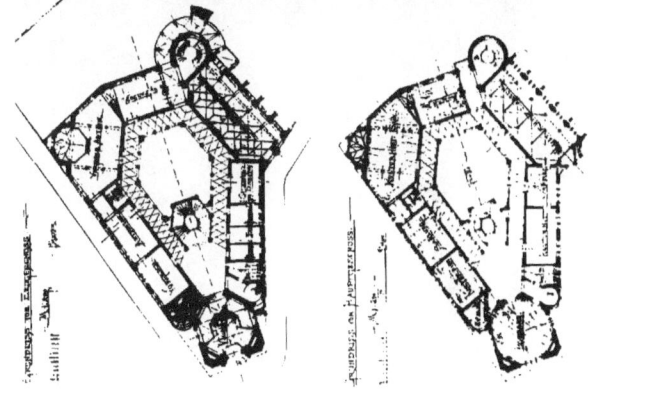

MAERKISCHES PROVINZIAL-MUSEUM FUER BERLIN

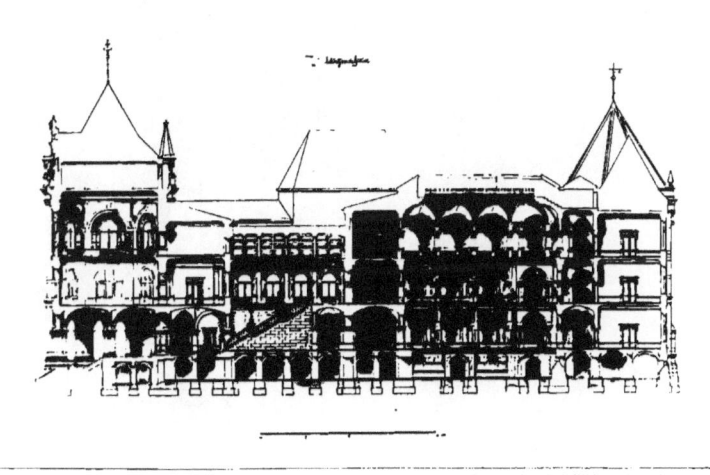

E. KLINGENBERG TRESEBURG (HARZ)

VERLAG VON ERNST WASMUTH BERLIN

MAERKISCHES PROVINZIAL-MUSEUM FUER BERLIN

Tafel 24

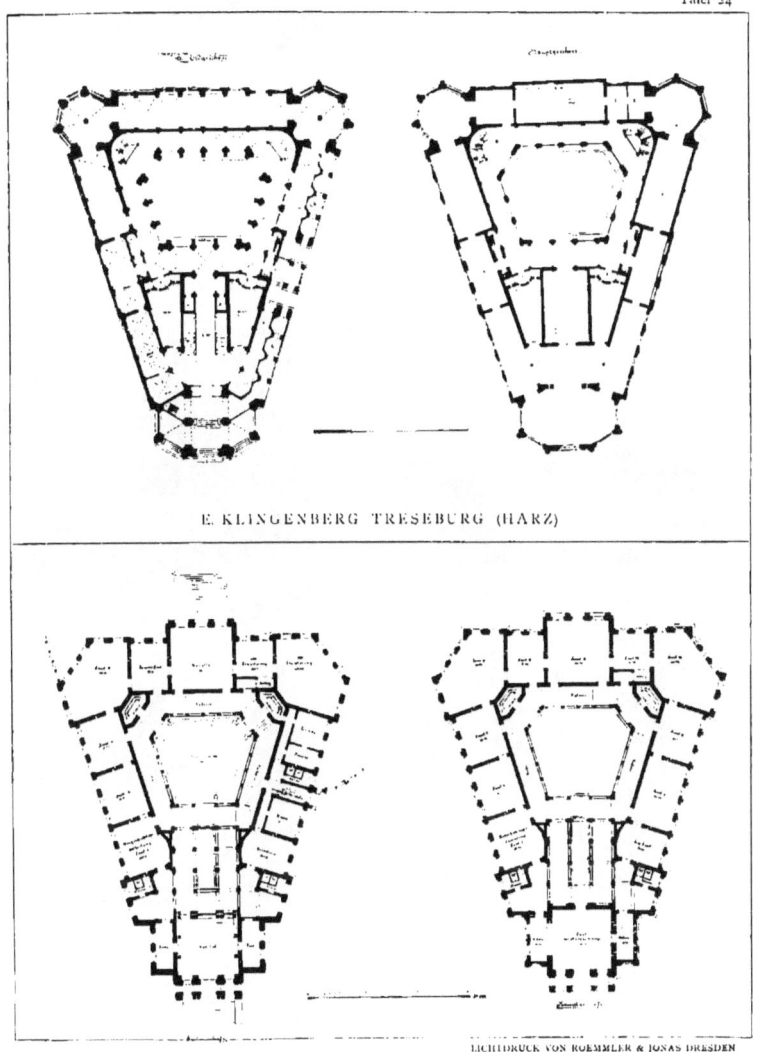

E. KLINGENBERG TRESEBURG (HARZ)

WILH. KURTH KOELN A. RH.

WILH. KURTH KOELN A. RH.

VERLAG VON ERNST WASMUTH BERLIN

LICHTDRUCK VON ROEMMLER & JONAS DRESDEN

MAERKISCHES PROVINZIAL-MUSEUM FUER BERLIN

Tafel 26

ALFRED KOERNER BERLIN

VERLAG VON ERNST WASMUTH BERLIN

MAERKISCHES PROVINZIAL-MUSEUM FUER BERLIN

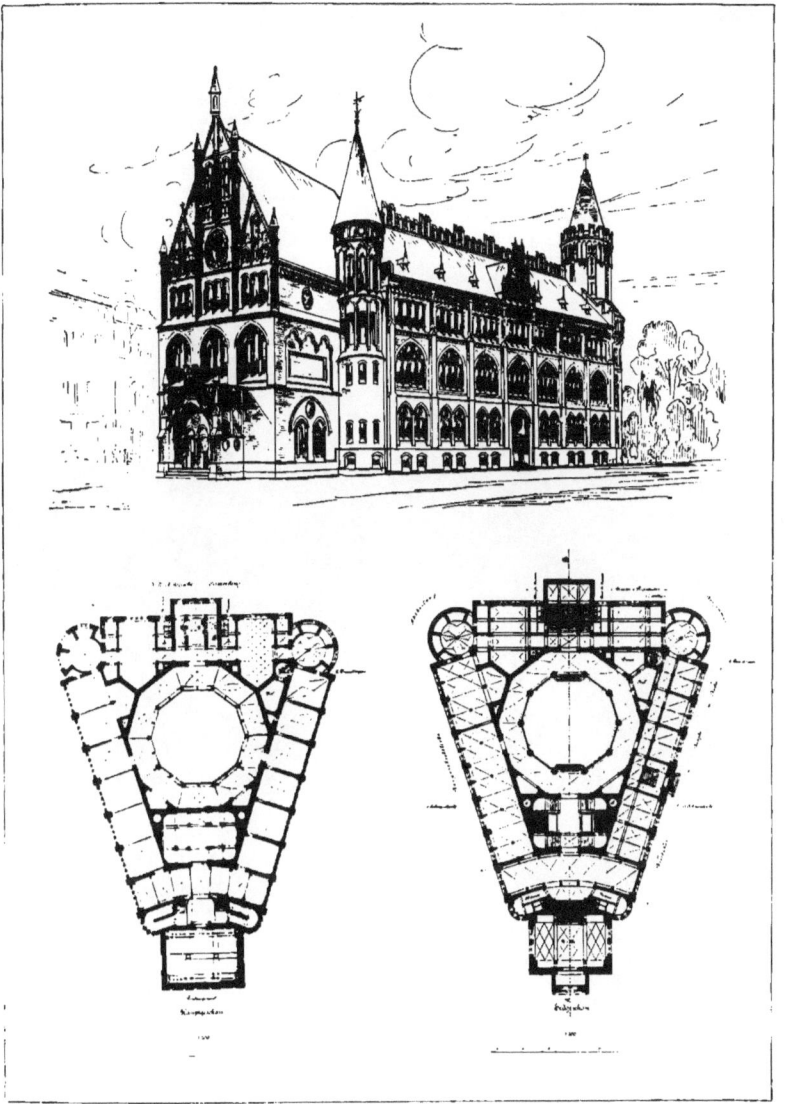

MAERKISCHES PROVINZIAL-MUSEUM FUER BERLIN

Tafel 28

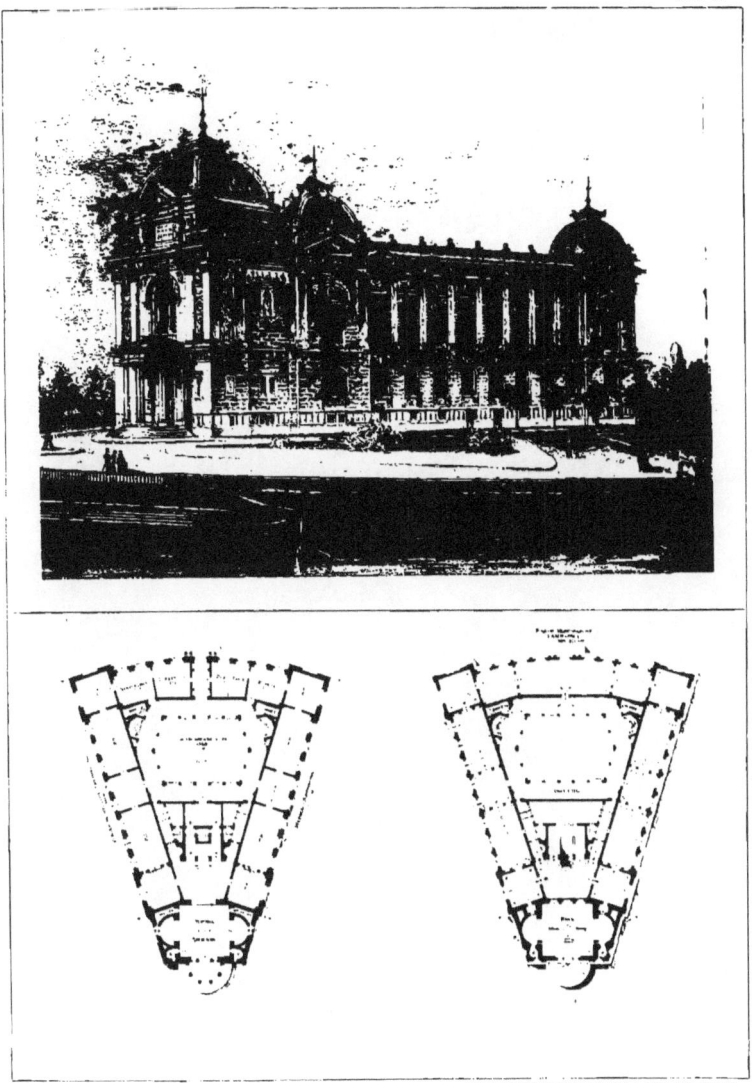

W. MANCHOT MANNHEIM

MAERKISCHES PROVINZIAL-MUSEUM FUER BERLIN

Tafel 29

LICHTDRUCK VON RÖMMLER & JONAS DRESDEN

OTTO MARCH CHARLOTTENBURG

MAERKISCHES PROVINZIAL-MUSEUM FUER BERLIN

OTTO MARCH CHARLOTTENBURG

VERLAG VON ERNST WASMUTH BERLIN

MAERKISCHES PROVINZIAL-MUSEUM FUER BERLIN

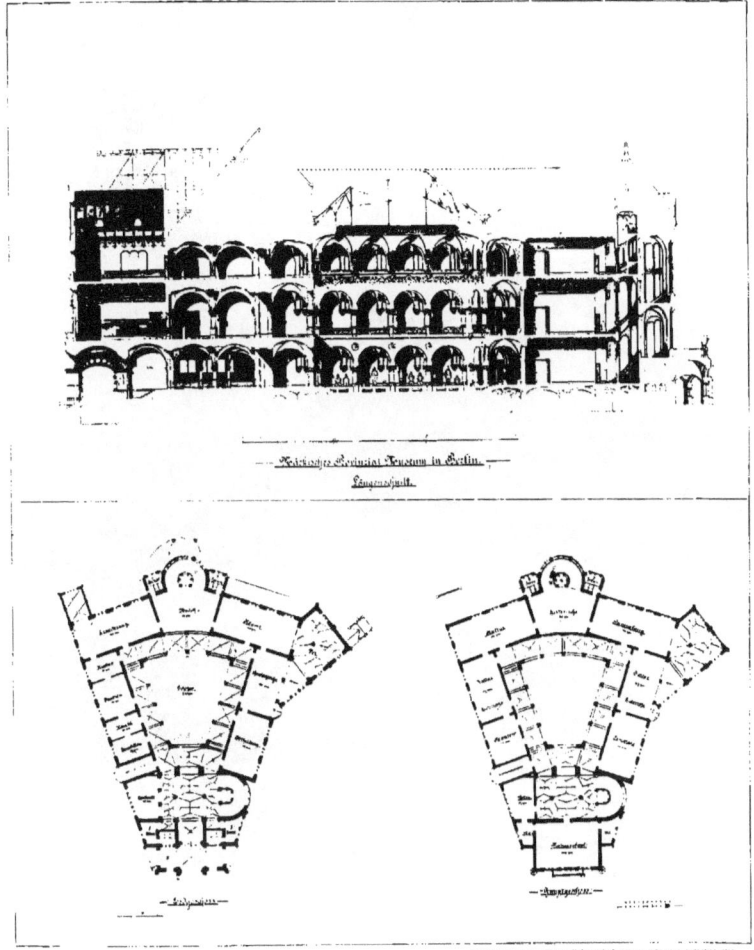

OTTO MARCH CHARLOTTENBURG

MAERKISCHES PROVINZIAL-MUSEUM FUER BERLIN

Tafel 32

HEINR. MUNK BERLIN

VERLAG VON ERNST WASMUTH BERLIN

MAERKISCHES PROVINZIAL-MUSEUM FUER BERLIN

Tafel 33

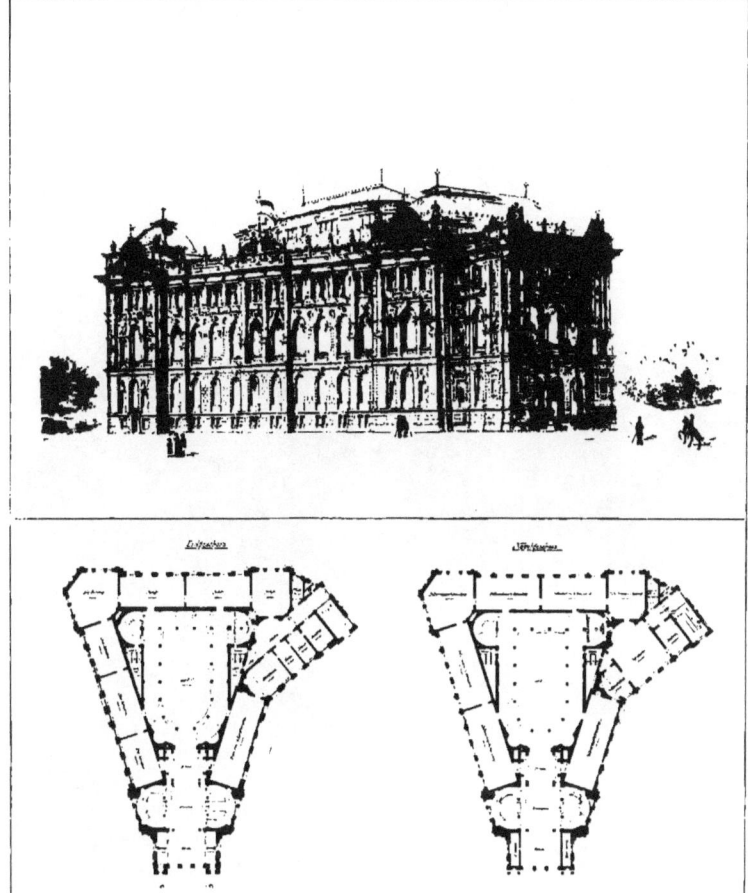

WILH. PETER KARLSRUHE I. B.

VERLAG VON ERNST WASMUTH BERLIN

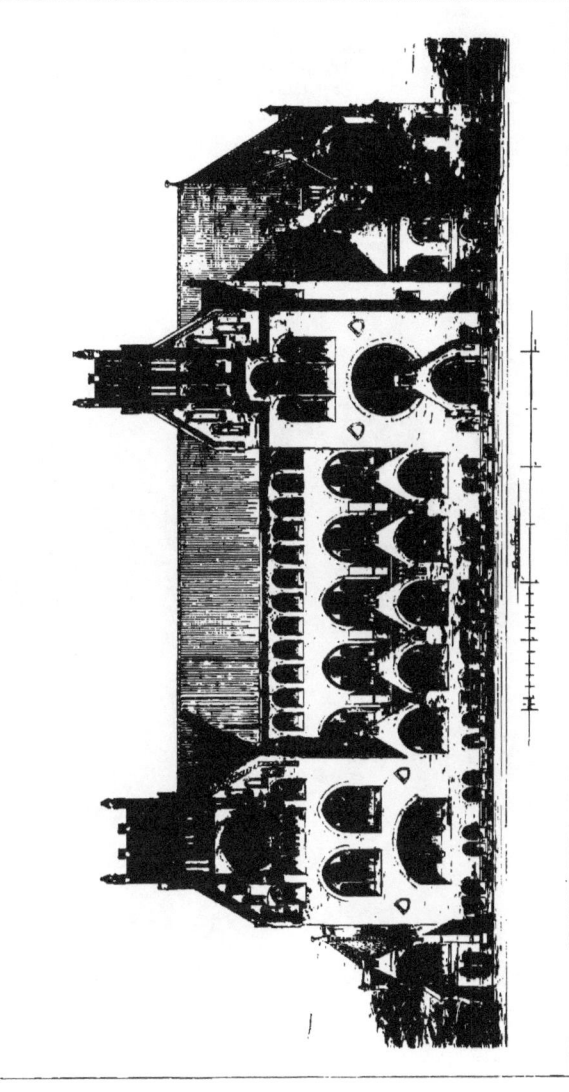

HEINRICH REINHARDT DT. WILMERSDORF

MAERKISCHES PROVINZIAL-MUSEUM FUER BERLIN

Tafel 35

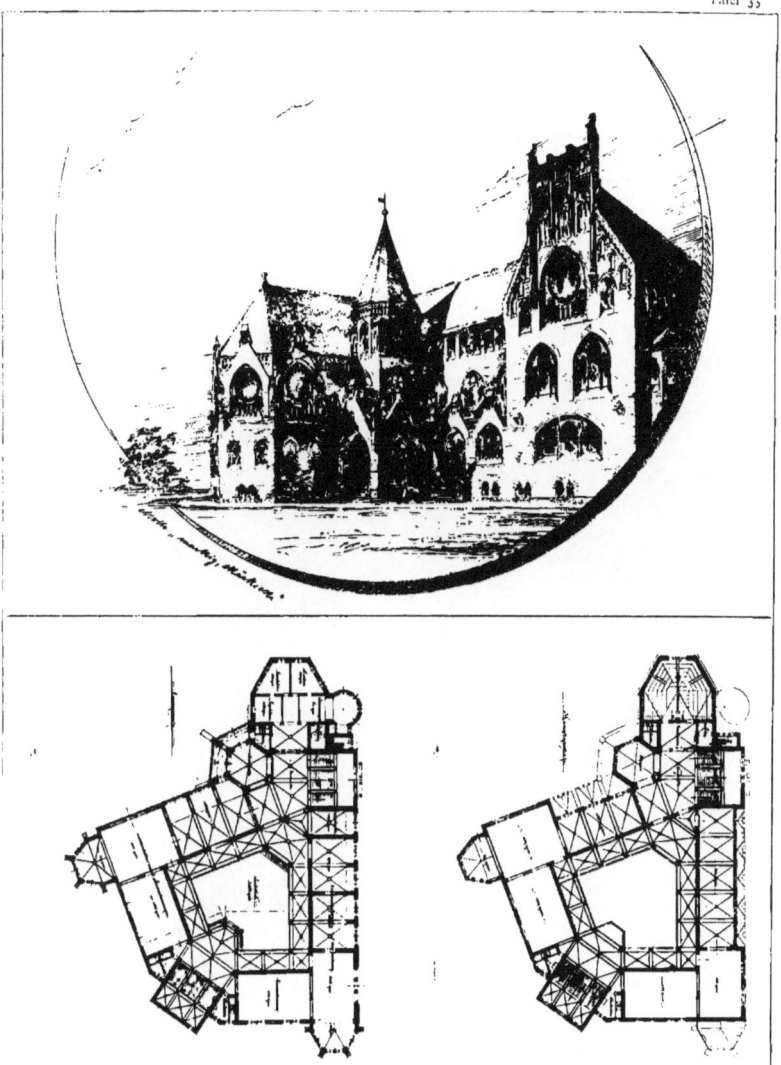

HEINRICH REINHARDT D'T. WILMERSDORF

VERLAG VON ERNST WASMUTH BERLIN

ARWED ROSSBACH LEIPZIG

VERLAG VON ERNST WASMUTH BERLIN

LICHTDRUCK VONROEMMLER & JONAS DRESDEN

MAERKISCHES PROVINZIAL-MUSEUM FUER BERLIN

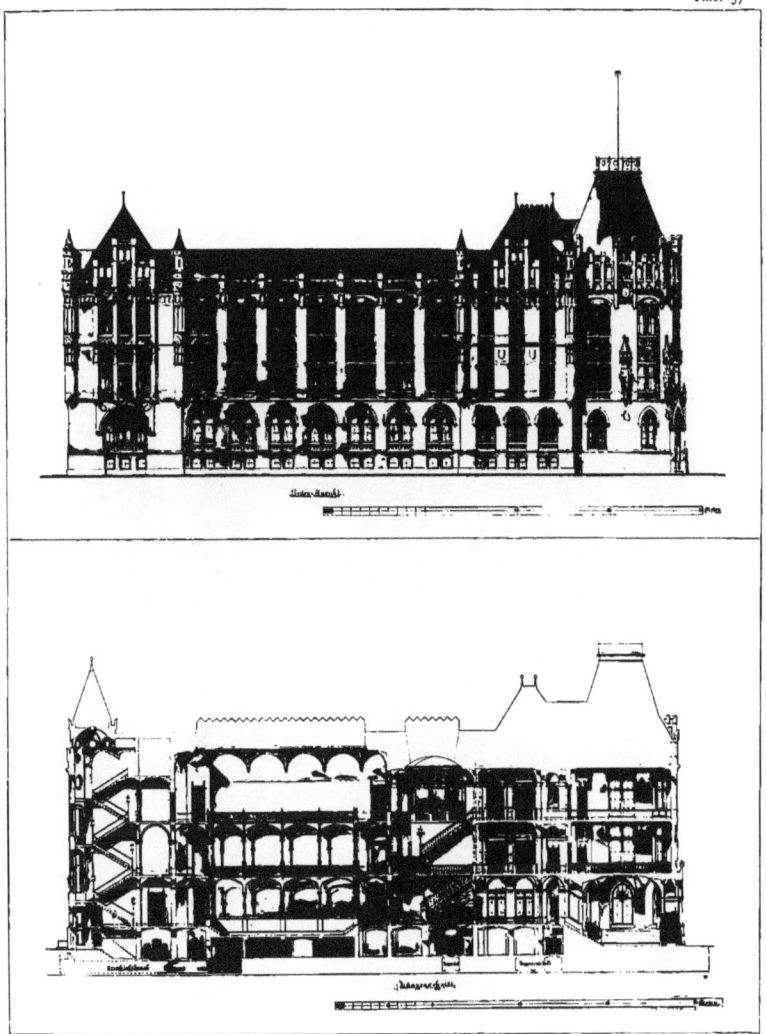

ARWED ROSSBACH LEIPZIG

VERLAG VON ERNST WASMUTH BERLIN

MAERKISCHES PROVINZIAL-MUSEUM FUER BERLIN

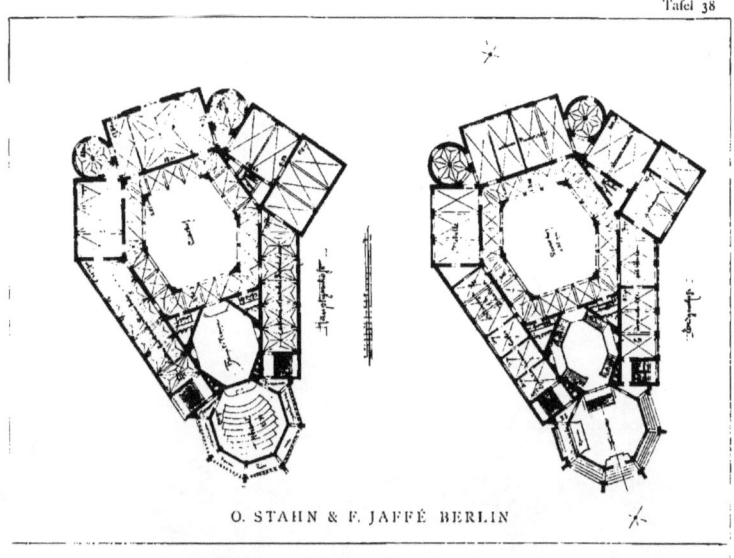

O. STAHN & F. JAFFÉ BERLIN

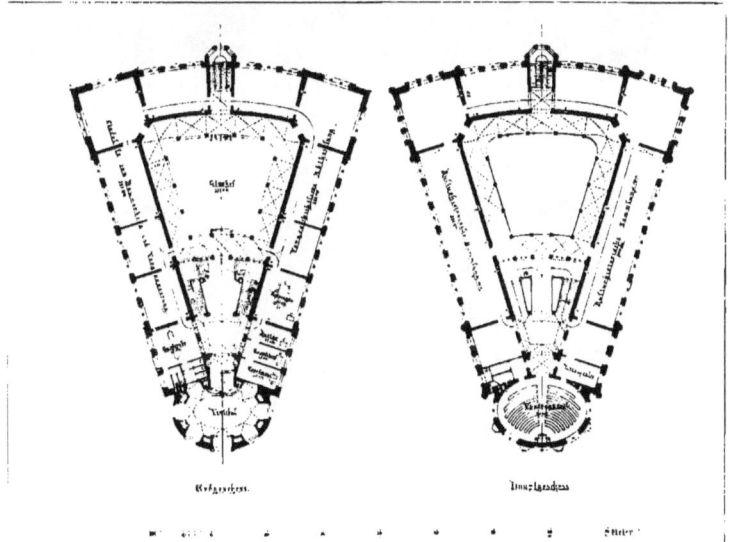

ARWED ROSSBACH LEIPZIG

VERLAG VON ERNST WASMUTH BERLIN

O. STAHN UND F. JAFFÉ BERLIN

MAERKISCHES PROVINZIAL-MUSEUM FUER BERLIN

Tafel 40

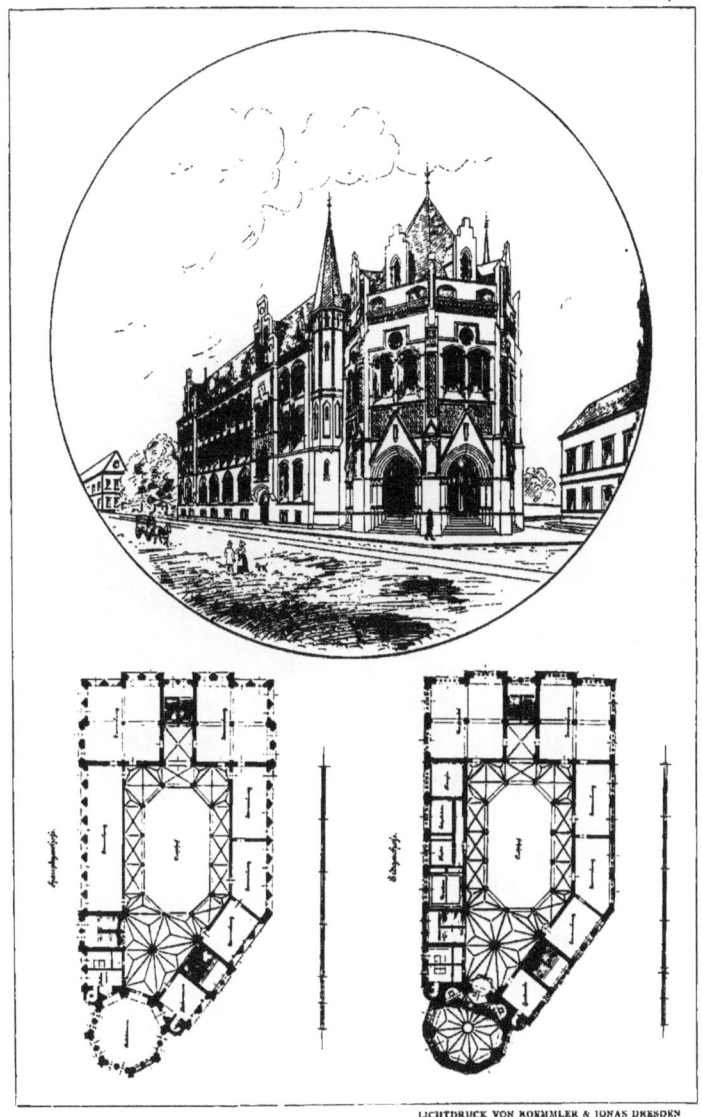

C. SCHAEFER UND H. HARTUNG CHARLOTTENBURG

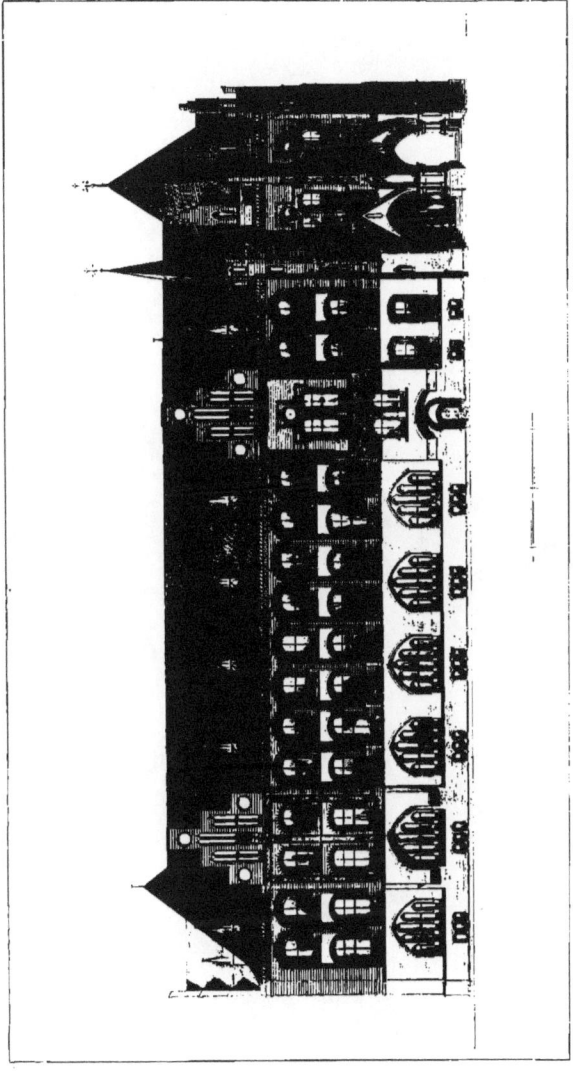

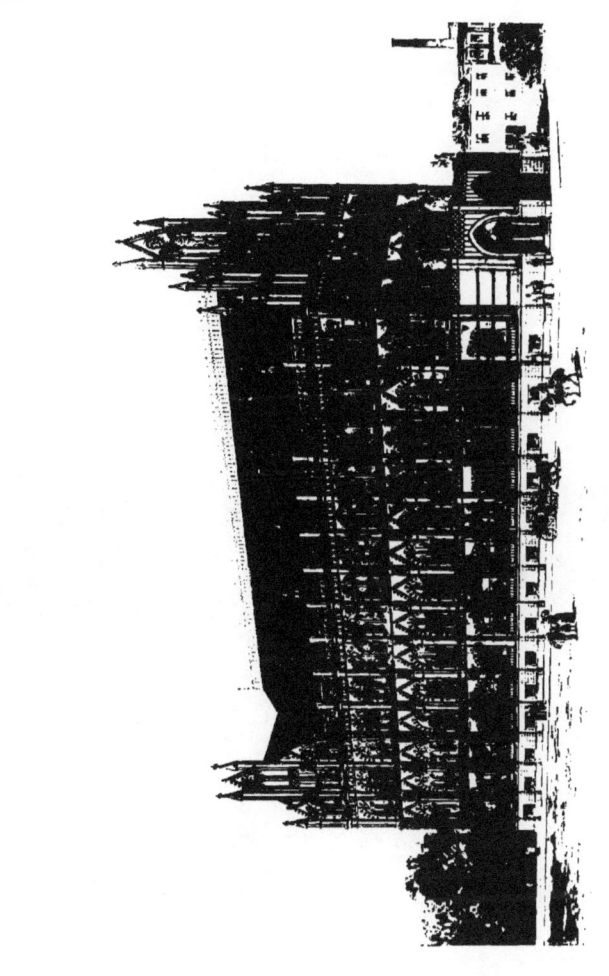

AD. SCHAUM BERLIN

VERLAG VON ERNST WASMUTH BERLIN

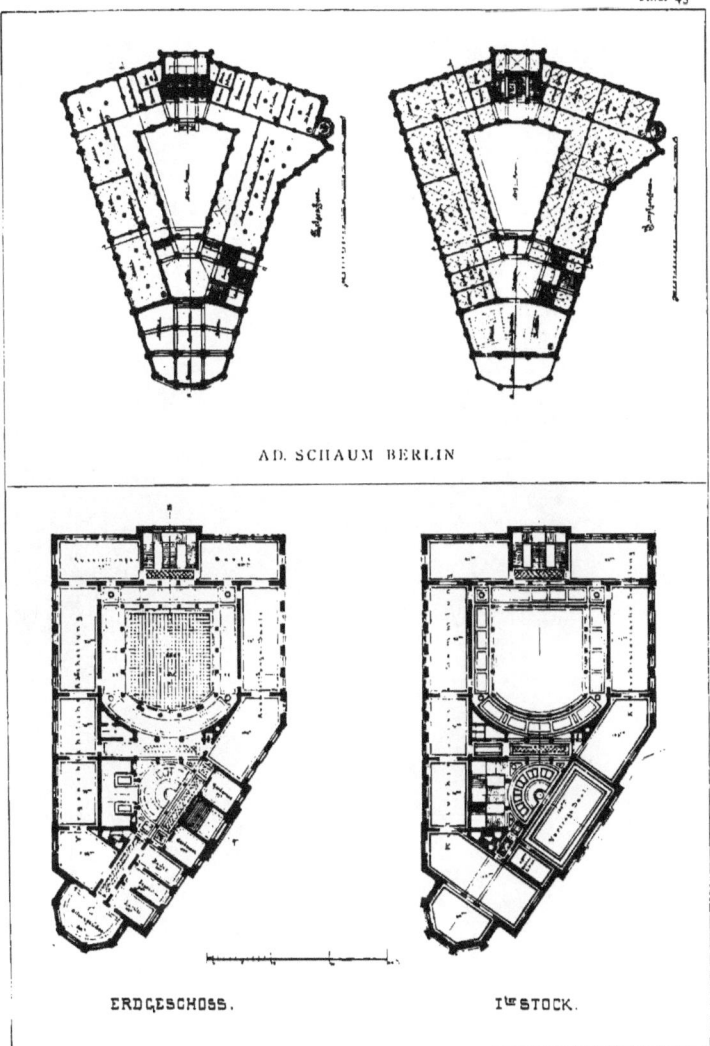

AD. SCHAUM BERLIN

ERDGESCHOSS.   I^{ter} STOCK.

SCHMID & BURKHARDT STUTTGART

VERLAG VON ERNST WASMUTH BERLIN

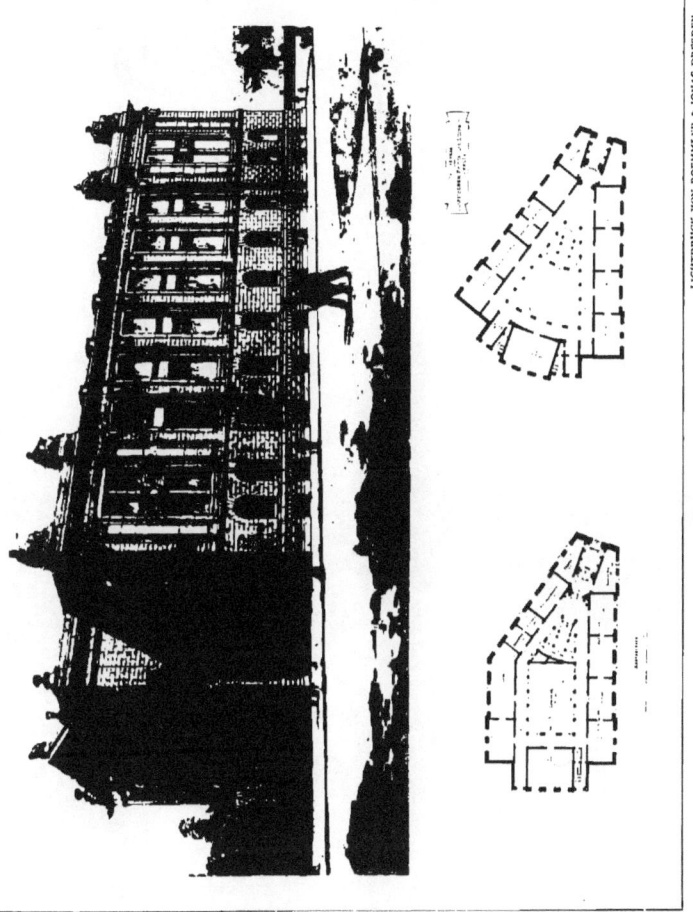

BRUNO SCHMITZ BERLIN

LICHTDRUCK VON ROEMMLER & JONAS DRESDEN

VERLAG VON ERNST WASMUTH BERLIN

MAERKISCHES PROVINZIAL-MUSEUM FUER BERLIN

Tafel 47

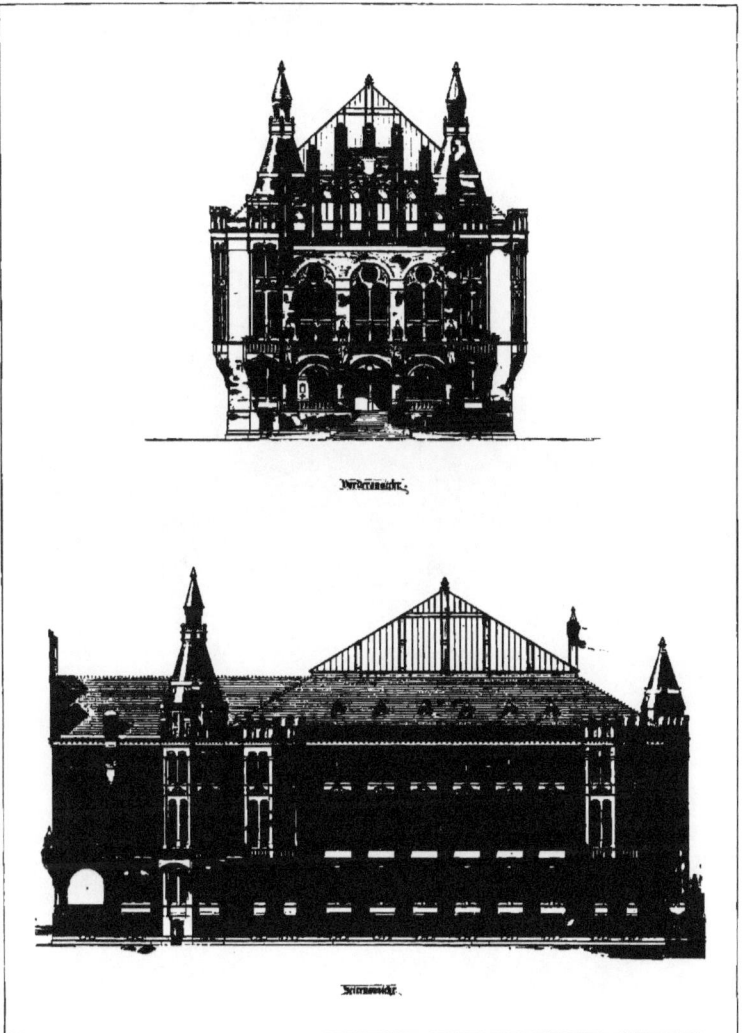

BRUNO SCHMITZ BERLIN

MÄRKISCHES PROVINZIAL-MUSEUM FUER BERLIN

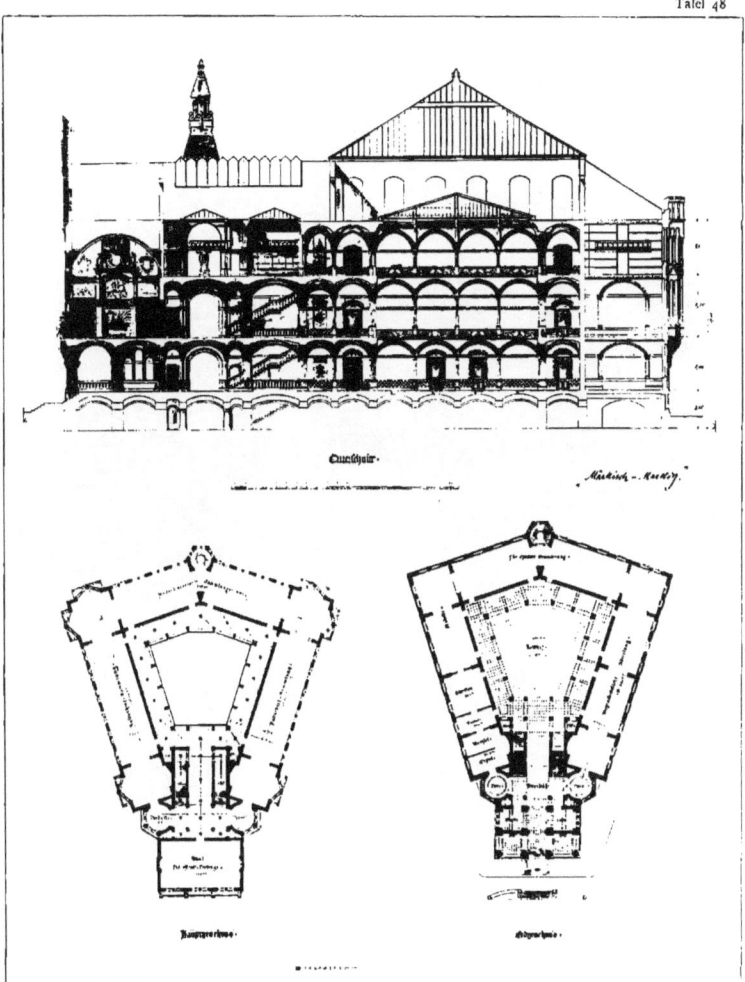

BRUNO SCHMITZ BERLIN

FRANZ SCHOEBERL SPEYER
GRUNDRISSE SIEHE TAFEL 53

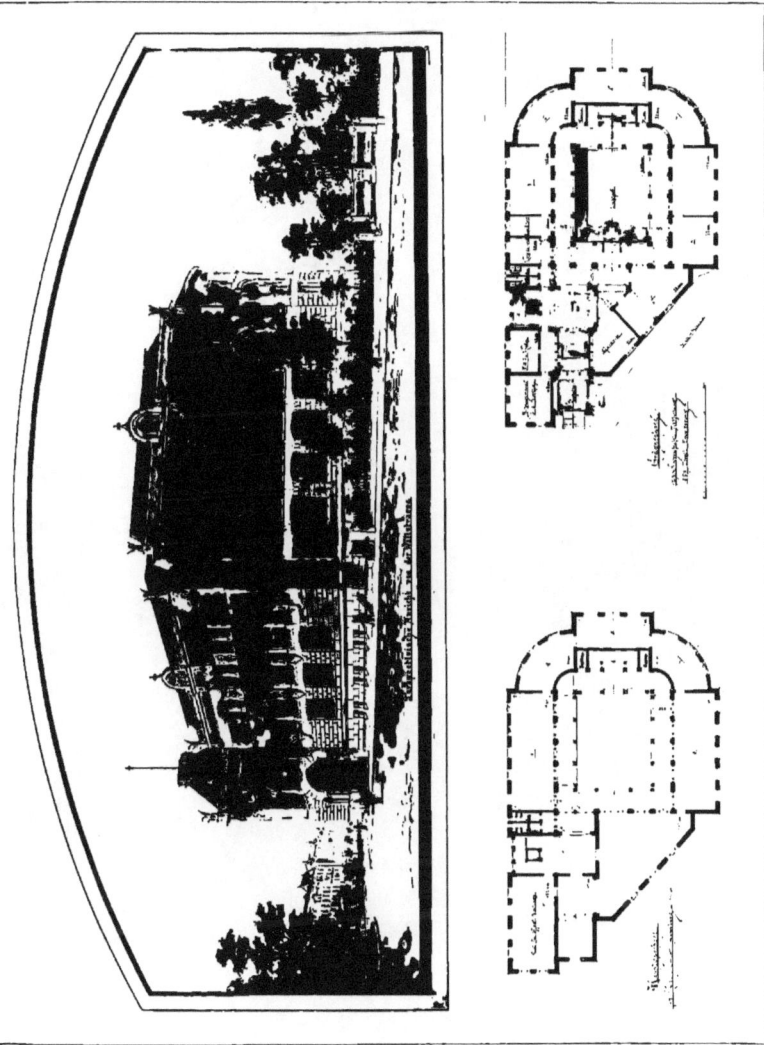

MAERKISCHES PROVINZIAL-MUSEUM FUER BERLIN

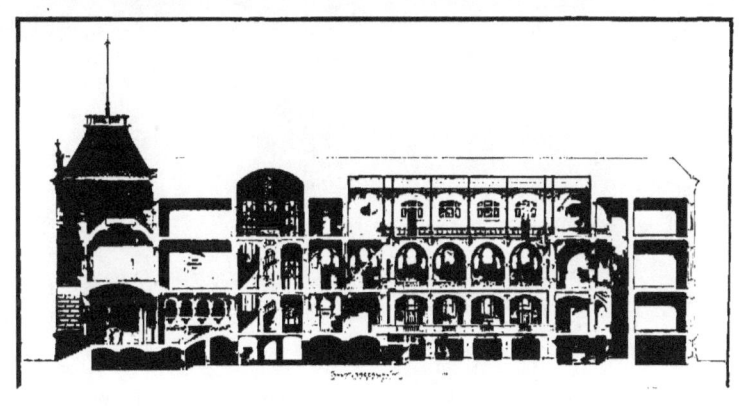

SCHWARTZKOPFF & THEISING BERLIN

Tafel 52

O. SOMMER FRANKFURT A. M.

LICHTDRUCK VON ROEMMLER & JONAS DRESDEN

VERLAG VON ERNST WASMUTH BERLIN

MAERKISCHES PROVINZIAL-MUSEUM FUER BERLIN

Tafel 53

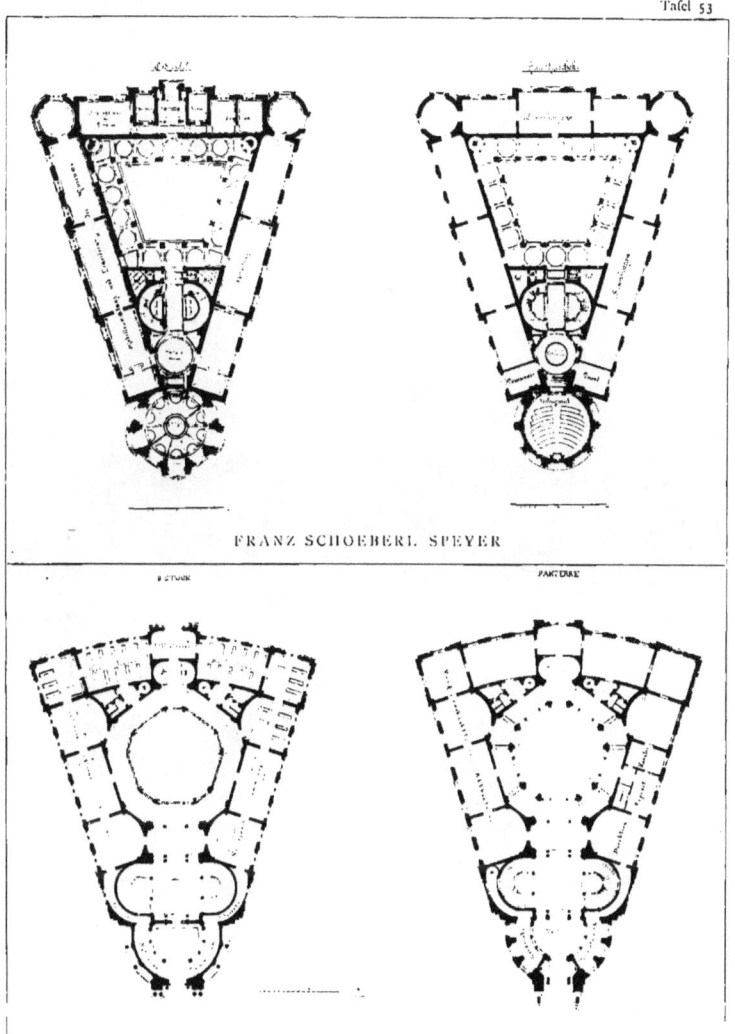

FRANZ SCHOEBERL. SPEYER

O. SOMMER FRANKFURT A. M.

MAERKISCHES PROVINZIAL-MUSEUM FUER BERLIN

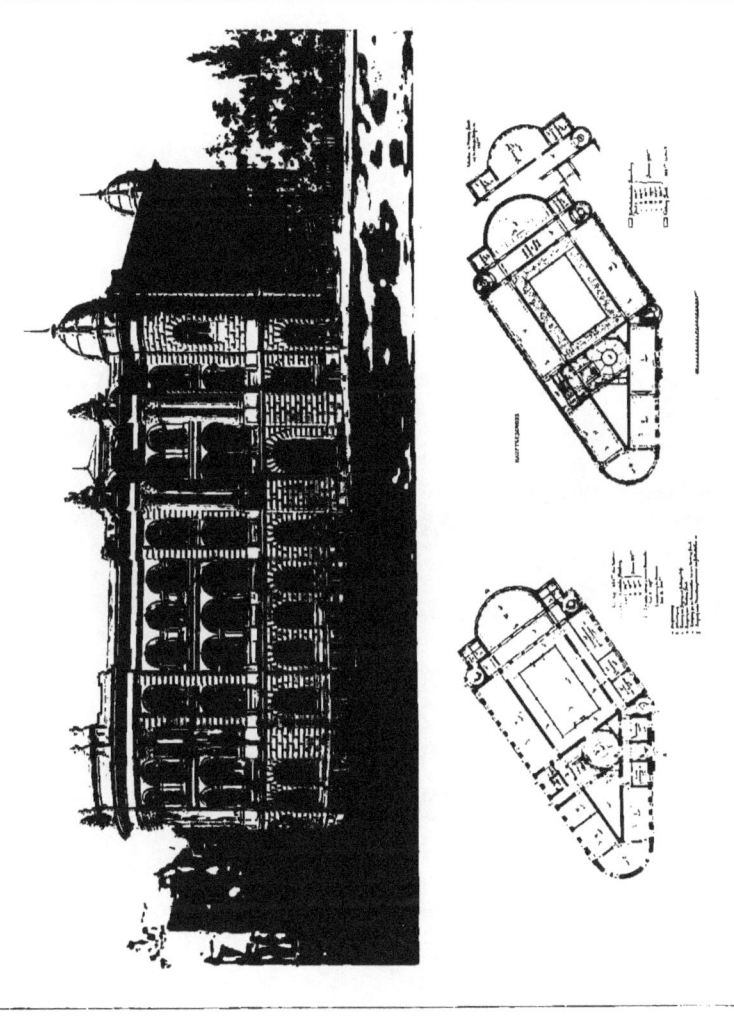

E. VOGEL STUTTGART

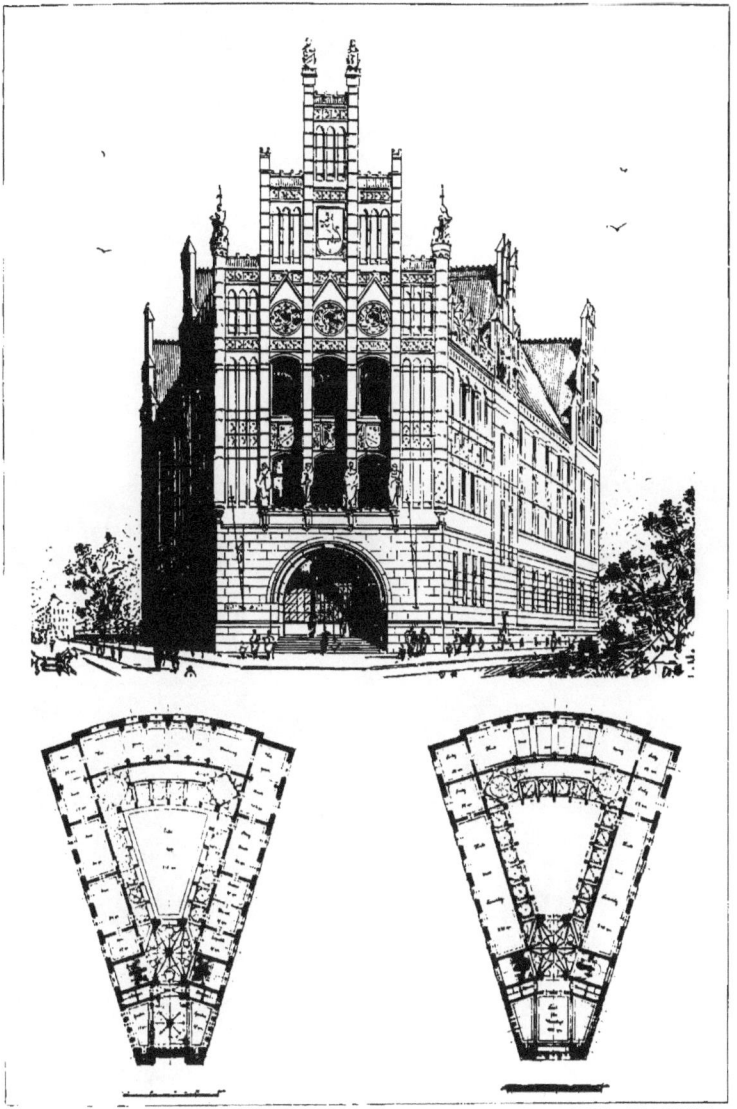

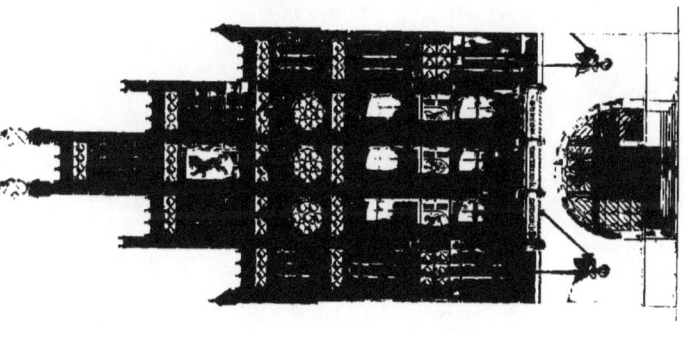

J. VOLLMER UND H. JASSOY BERLIN

VERLAG VON ERNST WASMUTH BERLIN

LICHTDRUCK VON RÖMMLER & JONAS DRESDEN

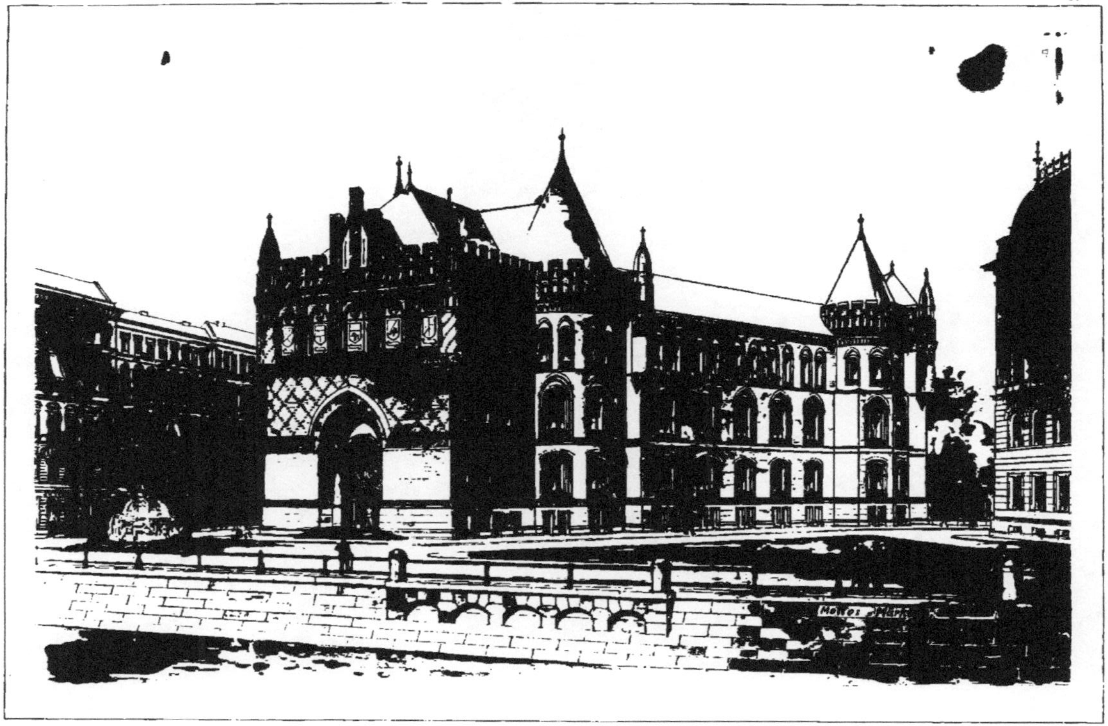

LICHTDRUCK VON ROEMMLER & JONAS DRESDEN

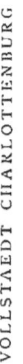

E. VOLLSTAEDT CHARLOTTENBURG

VERLAG VON ERNST WASMUTH BERLIN

www.ingramcontent.com/pod-product-compliance
Lightning Source LLC
Chambersburg PA
CBHW031355160426
43196CB00007B/827